RECETAS DE POSTRES VEGANO:

Estrategias Probadas sobre cómo Preparar Pasteles, Galletas, Budines y Dulces Rápidos, Fáciles e Increíblemente Deliciosos e Irresistibles para Perder Peso

SUSY RYES SUSY RYES

SUSY RYES

Al leer este documento, el lector está de acuerdo en que en ninguna circunstancia es el autor responsable de ninguna pérdida, directa o indirecta, que se incurra como resultado del uso de la información contenida en este documento, incluyendo, pero no limitado a, — errores, omisiones o inexactitudes.

resumen

6

1. CUADRADOS DE PAN DE

JENGIBRE

Endulzado por plátano, melaza detrampa negra y agave, estepan de jengibre saludable sabe tan rico y picante como la versión tradicional.

1 plátano maduro, machacado

2 cucharadas de melaza negra (o regular)

1 cucharadita de jengibre recién rallado

1 cucharadita de canela

1/4 cucharadita de clavo de olor

1/4 cucharadita de sal

2 cucharadas de agave o jarabe de arce

2 cucharadas de semilla de chía   molida

1 taza de harina de almendras

1/3 taza de harina de teff

- En un tazóngrande, mezcle   el plátano, la melaza, el jengibre, la canela, los clavos de olor, la saly agave hasta que quede suave. Doble la semilla de chía, la   harina de almendras y la harina de teff. Engrase ligeramente una sartén   de 4 × de 8 pulgadas y extienda la mezcla en la sartén. Hornee durante 30 minutos. Dejar enfriar completamente y luego cortar en cuadrados. Conservar en un recipiente hermético durante un tiempo de hasta 1 semana.

2. GALLETAS DULCES DE

PASTEL DE MAÍZ

El maíz añade un toque dulce, así como un buen color a estas galletas, que se pueden hacer con jarabe de arce o agave. Masa harina se puede encontrar en los comestibles mexicanos o en la mayoría de las tiendas de comestibles junto con los ingredientes mexicanos.

2 cucharadas de harina de linaza

4 cucharadas de agua

3/4 de taza de harina de maíz amarilla fina

1/2 taza de jarabe de arce o agave

1/2 cucharadita de sal

½ cup masa harina

1/4 de taza de harina de arroz blanco

1/4 de taza de harina de tapioca

1 cucharada de aceite de oliva

- Precaliente el horno a 350°F. Forre una hoja de galletas con pergamino o una alfombra de silicona. En un tazónpequeño, mezcle la comida de linaza con agua y deje reposar hasta que esté en gel,durante unos 5 minutos. Mezcle bien todos los ingredientes en un tazón mediano en el orden indicado, raspando bien los lados del tazón mientras se mezcla.

- Pasa junto a la cucharada sobre la hoja de galletas preparada y aplana ligeramente con la parte posterior de un tenedor. Hornee de 12 a 15 minutos.

- Deje enfriar completamente antes de servir. Conservar en recipiente hermético en nevera durante un tiempo de hasta 1 semana.

3. GALLETAS PECAN PIE

CUBIERTAS DE CHOCOLATE

RENDIMIEN TO: 20 GALLETAS

Con semillas de chía y nueces, estas deliciosas galletas saben a pecaminosas, pero están hechas de ingredientes sorprendentemente saludables. Para una versión un poco más conveniente (y casi sin azúcar refinado), utilice chips de chocolate no lácteos para mojar los fondos de las galletas en lugar de chocolate crudo.

2 cucharaditas de semilla de chía molida

2 cucharadas de agua

11/2 tazas de pacanas crudas

1 taza de anacardos crudos

1/4 de taza de harina de coco

1/2 cucharadita de sal 6 dátiles

3/4 de taza de chocolate crudo, derretido

- Precalentar el horno a 325°F. En un tazón pequeño, mezcle la semilla de chía y el agua y deje reposar hasta que se gelifica, durante unos 5 minutos.

- Coloque las pacanas, anacardos, harinade coco y sal en un procesador de alimentos y mezcle hasta que se desmenúen, durante aproximadamente 1 minuto. ¡No sobremezcla! Una vez desmenuzado, añadir las fechas, dos a la vez, hasta que la mezcla se agrupe

16

fácilmente. Proceso hasta que las fechas estén bien mezcladas. Forma en discos de 11/2 pulgadas de ancho

1/2 pulgada de espesor y colóquelo en una hoja de galletas sin desengrasar. Hornee durante 15 minutos.

- Deje enfriar y luego sumerja los fondos de galletas en el ChocolateCrudo, colocándolo de nuevo en una alfombra de silicona o papel de cera- bandeja para hornear cubierta. Enfríe durante unos 20 minutos en nevera hasta que el chocolate se haya puesto. Conservar en recipiente hermético durante un tiempo de hasta 1 semana.

4. COOKIES DE ALBARICOQUE

Estas galletas doradas, masticables, ligeramente dulces son tan fáciles de preparar como para comer! Llenas de vitaminas A y C de los albaricoques y proteínas y hierro de las nueces y el coco, estas galletas son como barrasde energía del tamaño de un bocadillo.

3 tazas de albaricoques secos

1 taza de piezas de nuez

2 tazas de coco rallado sin endulzado, más aproximadamente 1/3 taza para rodar

1/4 de taza de agave

- Combine todos los ingredientes (reserve 1/3 taza de coco) en un procesador de alimentos y procese hasta que estén muy bien picados.

- Usando manos limpias, enrolle la mezcla en bolas detamaño de nuez y luego en el coco extra. Aplanar en rondas de galletas utilizando la parte inferior de un vaso o taza de medición, y luego forma suavemente con las manos para crear incluso empanadas.

- Conservar en recipiente hermético durante un tiempo de hasta 1 semana.

5. AMARETTI DE CANELA

Amaretti son galletas italianas pequeñas clásicas que son crujientes en el exterior y un poco más masticables en el centro, y una de mis galletas favoritas de todos. No te perderás el azúcar refinado en esta versión. Para una mejor textura, dé forma a las galletas en pequeños montículos, de aproximadamente 1 pulgada de ancho, para una relaciónexterior perfecta masticable-de centro anítido-.

3 cucharadas de harina de linaza

6 cucharadas de agua

3 tazas de harina de almendras

11/2 cucharaditas de canela

11/4 tazas de azúcar de palma de coco

3/4 cucharadita de sal

Almendras en rodajas, para decorar

* Precaliente el horno a 300°F. Forre una bandeja para hornear grande con papel pergamino.

* En un bolpequeño, combine la comida de linaza con el agua y deje reposar durante 5 minutos, hasta que se gelifica. Transfiéralo a un tazón grande y agregue la harinade almendras, la canela, el azúcar de palma y la

sal. Siga revolviendo hasta que la mezcla se junte en una masa rígida; puede que no parezca estar uniéndose, pero seguir agitando! Esto también se hace sin esfuerzo utilizando un mezclador eléctrico.

- Cuando la masa se endurezca, pellizque secciones de 1 pulgada y forme en rondas. Colóquelo en la hoja de galletas a unas 1 pulgada de distancia y cubra con una almendra en rodajas. Hornee durante 30 minutos. Deje enfriar por completo. Conservar en recipiente hermético durante un tiempo de hasta 1 semana.

6. MACARRONES BESADOS CON CÍTRICOS

RENDIMIENTO: 18
GALLETAS

Ligeramente tocados con limón, estos macarrones tienen sólo un puñado de ingredientes y no necesitan ser horneados. Hacen un gran refrigerio después del entrenamiento o cuando surgen los bocadillos del mediodía.

12 fechas de Medjool, enfrentadas

1 cucharada de jugo de limón

2 cucharadas de agua

4 tazas de coco rallado sin endulzado, dividido

- Combine los dátiles de Medjool, el jugo de limón y el agua en un procesador de alimentos y mezcle hasta que estén muy suaves, raspando los lados según sea necesario. Añadir 1 taza de coco rallado y pulso hasta que esté muy bien combinado.

- Pasar a un tazón grande y a mano incorporar las 3 tazas adicionales de coco hasta que se mezclen uniformemente. Formar la mezcla en galletas y colocar en la hoja de galletas. Refrigere brevemente para ajustar.

- Conservar en un recipiente hermético durante un tiempo de hasta 2 semanas.

7. CHIPUDDING DE CHOCOLATE CON MANTEQUILLA DE MANÍ

RENDIMIENTO: 2 PORCIONES

Este postre es tan fácil como pastel (o budín) para hacer, y es saludable, relleno, y delicioso, también. Ajuste los niveles de azúcar a sus preferencias de sabor, errando en el lado bajo de las cosas.

3 cucharadas enteras de semillas de chía, blancaso negras

1/2 taza de agua

2 cucharadas de leche no láctea (recomiendo almendra o coco)

1 cucharada de cacao en polvo

3 cucharadas de mantequilla cremosa de maní

11/2 cucharadas de jarabe de dátile de coco o jarabe de arce

- Coloque todos los ingredientes en un tazón pequeño a mediano y revuelva vigorosamente con un tenedor hasta que quede suave. Pasar a los platos de servir deseados y enfriar en nevera hasta gelificado,durante unos 30 minutos. Mejor si se sirve frío con un poco de cremade coco batida. Se mantiene hasta 1 día si se almacena en recipiente hermético en el refrigerador.

8. BUDÍN CHOCO-CADO

Aquí hay otro ingrediente sorpresa del mundo de las plantas: el aguacate es la superestrella aquí, haciendo una base cremosa para este budín de chocolate

increíblemente rico.

2 aguacates maduros, deshuesados y pelados

1/4 de taza de jarabe de fecha o agave

3 cucharadas de azúcar de coco

1/4 de taza de cacao en polvo

1/2 cucharadita de espresso en polvo

1/4 cucharadita de sal

- Mezcle todos los ingredientes en un procesador de alimentos hasta que estén esponjosos. ¡Sirva con cremade coco batida! Conservar en recipiente hermético en nevera durante un tiempo de hasta 3 días.

9. CHOCOLATE CRUDO

RENDIMIENTO: 12 CARAMELOS

Este chocolate se puede moldear usando un molde de chocolate o rociado en postres para un recubrimiento de chocolaty. Siéntase libre de controlar la dulzura a su gusto sin afectar demasiado la textura final.

1/2 taza de mantequilla de cacao derretida

1/3 taza + 2 cucharadas de cacao en polvo

1/3 taza de agave o jarabe de arce Pellizcar sal

- Mezcle todos los ingredientes en un tazón mediano.

Vierta la mezcla en moldes y rapee sobre una superficie plana sólida para eliminar cualquier burbuja de aire. Enfríe en el refrigerador hasta que esté sólido. Para usarlo como recubrimiento, simplemente derrita todos los ingredientes hacia abajo y bata bien para combinar. Conservar en recipiente hermético en nevera durante un tiempo de hasta 1 semana.

10. CARAMELO DE COCO

Este dulce sutilmente es frutos secos sobre coco,en que se hace enteramente de coco, guardar el extracto de vainilla y sal. Para cortar fácilmente, deje que el caramelo sólido se descongele a temperatura ambiente durante unos 20 minutos antes de cortar y luego volver al refrigerador.

12 onzas (aproximadamente 21/2 tazas) de coco rallado sin endulzado

1/2 taza de aceite de coco ablandado, sin refinar

1 cucharadita de extracto de vainilla

1/2 taza de azúcar de palma de coco

1/8 cucharadita de sal

* En una licuadora o procesador de alimentos, mezcle el coco hasta que quede suave como mantequilla de maní. Esto podría tardar entre 3 y 10 minutos, dependiendo de su aparato, la sequedad del coco y la temperatura, entre otros factores. Sólo tiene que mezclar hasta que quede suave, y, si nunca se pone suave, añadir una cucharadita o dos de aceite de coco para mover las cosas a lo largo.

* Una vez que el coco rallado se haya mezclado, agregue los ingredientes restantes y mezcle hasta que quede suave. Vierta en un plato cuadrado de 8 × de 8 pulgadas, cubra holgadamente con envoltura de plástico y congele durante 30 minutos. Cortar en cuadrados pequeños, y transferir al refrigerador para almacenar hasta 2 semanas.

11. ALMENDRA BUENA BUENA

RENDIMIENT O: 24 **CARAMELOS**

Estos son un regalo tan divertido para picar cuando un antojo de chocolate golpea. ¡Hacer un lote y almacenar en el congelador -sólo se puede agarrar uno cada vez que usted está en necesidad de un poco de impulsodel estado de ánimo!

relleno

1 taza de harina de almendras

2 cucharadas de aceite de coco, suavizado

2 cucharadas de agave, arroz integral o jarabe de arce

3 cucharadas de mantequilla de cacao derretida

1/8 cucharadita de sal

capa

1 receta De chocolate crudo, derretido

- En un tazónmediano, combine todos los ingredientes de relleno y deje reposar durante unos 10 minutos. Forma en bolas o colócalo en moldes de chocolate de silicona y luego enfríe durante unos 30 minutos en el refrigerador, o durante 10 minutos en el congelador, hasta que estén sólidos.

- Una vez que el relleno esté frío, sumerja las bolas en el revestimiento de chocolate hasta que estén completamente cubiertas, y luego coloque trufas recubiertas en una alfombra de silicona o superficie cubierta de pergamino para endurecer. Sumerja una vez más en el recubrimiento de chocolate y luego deje que el chocolate se endurezca completamente en el refrigerador,durante aproximadamente 1 hora.

30

Conservar en recipiente hermético en nevera durante un mes, o en bolsas congeladoras, bien selladas, durante un tiempo de hasta3 meses.

12. RAISINETTE CANDY

¡Estos saben tanto   como los   caramelos populares, sin duda no   parece que usted está comiendo algo tan bueno para usted!

11/2 tazas de pasas

1 taza de nueces

1/4 de taza de cacao en polvo

* En un procesador de alimentos, combine todos los ingredientes y mezcle hasta que estén finamente molido y amontonados juntos, durante aproximadamente 1 minuto. Enrolle en bolas del tamaño de un bocado y colóquelo en el refrigerador para enfriar durante unos 30

minutos antes de disfrutar. Conservar en recipiente hermético en nevera durante un tiempo de hasta 2 semanas.

13. BOCADOS NUTRITIVOS BROWNIE

En términos de brownies, esta versión es mucho más saludable que su típico cuadrado chocolaty, pero seguro que no se pierda un ritmo de gusto-sabio. Usted no se sentirá mal acerca de volver por segundos con estos, ya que están llenos de cosas saludables como las fechas, que contienen fibra; anacardos, que son altos en magnesio; y cacao, que es alto en hierro.

10 dátiles de Medjool, refrigerados en nevera

2 tazas de anacardos enteros, sin ensal

2 cucharadas de cacao en polvo

1/2 cucharadita de sal

2 cucharaditas de extracto de vainilla

- Retire las fosas de las dátiles y colóquelos en un procesador de alimentos junto con los anacardos, el cacao en polvoy la sal. Pulse varias veces para combinar y luego mezclar hasta que esté muy desmenuzado,durante unos 2 minutos. Una vez que

34

la mezcla es uniformemente desmenuzada, con la consistencia de un azúcar grueso, rocía en el extracto de vainilla y continúa mezclándose hasta que la mezcla se vuelva torpe.

- Dependiendo del tamaño y el contenido de humedad de sus fechas, es posible que deba añadir un toque más líquido, como agua o más extracto de vainilla, o procesar durante un período de tiempo más corto para obtener la consistencia correcta. Al final, la masa debe permanecer fácilmente unida cuando se la pelota. Si está demasiado seco, agregue un poco más de líquido (1/2 cucharadita más o menos) y si está demasiado húmedo, agregue una cucharada más de cacao en polvo para secarlo.

- Coloque la masa en el centro de un papel pergamino y cubra con otra hoja. Despliegue suavemente para aplanar en una forma uniforme y luego cortar en cuadrados. Enfríe en el refrigerador durante al menos 20 minutos antes de servir. Conservar en recipiente hermético en nevera durante un tiempo de hasta 2 semanas.

14. BOCADOS DE MASA DE GALLETAS

Una recogida perfecta -me-up para después de la cena, o para un poco rápido de combustible en la carrera, estos pequeños bocados saben a masa de galletas crudas.

11/2 tazas de anacardos crudos

9 fechas suaves de Medjool

2 cucharaditas de extracto de vainilla

1/3 taza de harina de almendras

Sal de guión

- En un procesador de alimentos, pulse los anacardos y las fechas hasta que se desmenuzen. Agregue el extractode vainilla, la harinade almendras, la saly los plumines decacao y pulse hasta que estén finamente molidos y la masa se junte fácilmente cuando se pellizca con los dedos. Forma en bolas pequeñas de aproximadamente 1 pulgada de diámetro. Conservar en recipiente hermético durante un tiempo de hasta 2 semanas.

15. BOCADOS DE CARAMELO DE CHOCOLATE DE CACAHUETE

RENDIMIENTO: 20 CARAMELOS

Al igual que las otras bocadas de energía y barras que se ofrecen aquí, estos pedacitos son potencias de sabor.

1/2 taza de mantequilla de cacao

1/3 taza + 2 cucharadas de cacao en polvo

1/3 taza de jarabe de arce

3 cucharadas de mantequilla cremosa de maní

Pellizcar sal

- En una caldera doble, derretir la mantequilla de cacao hasta que esté líquida. Batir el resto de los ingredientes y verter en moldes de chocolate o revestimientos de papel en una lata de muffin. Colóquelo en el congelador y enfríe durante 1 hora. Salga de moldes y colóquelo en un plato de servir plano. Mantenga refrigerado para chocolates más firmes, o guárdelo en recipiente hermético en un lugar fresco durante un tiempo de hasta 2 semanas.

16. BARRAS DE CHOCOLATE NANAIMO

RENDIMIEN
TO: 16
PORCIONES

Los baresNanaimo, que llevan el nombre de la ciudad de Columbia Británica, son un popular postre sin hornear que normalmente se hacen con mucha mantequilla y azúcar. Si no te preocupa que estén totalmente libres de azúcar, también puedes usar tus chips/botones favoritosde chocolate no lácteos en lugar del chocolate crudo.

corteza

1 taza de almendras crudas enteras

10 fechas

1 cucharada de cacao en polvo

relleno

2 tazas de anacardos, empapados 2 horas

11/2 cucharaditas de extracto de vainilla

2/3 taza de aceite de coco, derretido

1 cucharadita de polvo de stevia

3 fechas de Medjool o 1/4 de taza de jarabe de fecha

2 cucharadas de crema de coco (desde la parte superior de una lata fría de leche de coco)

topping

11/4 tazas de chocolate crudo, derretido

- Para hacer la corteza, en un procesador de alimentos, pulsar juntos las almendras, cinco de los dátiles, y el cacao en polvo hasta desmenuzado. Agregue las cinco fechas restantes y pulse de nuevo hasta que se corten uniformemente. Presione la mezcla firmemente en una bandeja para hornear de 8 × de 8 pulgadas.

- Hacer el relleno en un procesador de alimentos mediante la combinación de los anacardos, vainilla, aceite de coco, stevia, dátiles, y crema de coco hasta muy suave, durante unos 5 minutos, raspando los lados según sea necesario. Extienda el relleno uniformemente en la parte superior de la corteza usando una espátula de silicona plana. Congele durante 1 hora y luego corte en cuadrados.

- Cubra con chocolate derretido y luego vuelva al congelador. Enfríe en el congelador durante la noche, o durante al menos 6 horas. Conservar en nevera en recipiente hermético durante un tiempo de hasta 2 semanas.

17. MERMELADA DE CHÍA DE FRAMBUESA

RENDIMIENTO: 11/2 TAZAS

Semilla de chía toma el volante y añade un espesor increíble a este atasco, ¡sin necesidad de pectina! Usa como lo harías con tu mermelada favorita, y siéntete bien con todos los nutrientes adicionales (como calcio y omega-3) que estás disfrutando mientras lo haces. Si la frambuesa no es su favorita, prácticamente cualquier baya funcionará bien usando este método. Pruébalo con arándanos, moras, ¡o una mezcla!

11/2 tazas de frambuesas rojas

2 a 3 cucharadas de agave, o al gusto

1 cucharada de semilla de chía

- Coloque las frambuesas y agave en una cacerola pequeña y cocine a fuego medio-bajo hasta que estén líquidas. Agregue la semilla de chía y continúe cocinando un minuto más, hasta que espese. Transfiéralo a un recipiente resealable y deja enfriar a temperatura ambiente antes de transferirlo al refrigerador. Conservar en recipiente hermético en nevera durante un tiempo de hasta 2 semanas.

18. ENSALADA DE FRUTAS Y

AGUACATES

¿Sabías que el aguacate es realmente una fruta? Por eso se combina tan bien con plátanos, fresas y piña. Pruébalo en esta ensalada de frutas cremosas y mira si estás de acuerdo en que estos cuatro estaban destinados a ser (¡junto con arándanos y semillas de granada!).

salsa

2 cucharadas de jugo de piña

2 cucharadas de leche de coco llenan degrasa

Canela dash

1/2 cucharadita de extracto de vainilla

fruta

1 plátano grande en rodajas

4 fresasen rodajas

1/4 de taza de piña cortada en cubos

1/4 de taza de arándanos

1/4 de taza de semillas de granada

1 aguacate cortado en trozos del tamaño de un bocado

- En un tazónpequeño, mezcle los ingredientes de la salsa.

- Coloque la fruta en un tazón mediano y mezcle con la salsa. Servir refrigerado. Se mantiene hasta 1 día si se almacena en recipiente hermético.

19. PIÑA "PASTELES DE CAPA"

RENDIMIENTO:
2 PASTELES DE
TAMAÑO
PERSONAL

Estas pequeñas pilas son un toque divertido en la versión convencional del postre. Manipule los anillos de piña con cuidado, si usa enlatados,o corte un poco en el lado grueso si usa fresco. ¿Buscas un poco de crujido? Trate de añadir una fina capa de nueces trituradas o pacanas en la parte superior de la crema de anacardo! Puede localizar pasta de vainilla en tiendas especializadas como Williams Sonoma, o simplemente sub en la misma cantidad de extractode vainilla.

8 anillos de piña

1/2 taza de crema de anacardo dulce

1/2 cucharadita de pasta de vainilla

2 cucharadas de Cereza Vainilla Compote

- Escurrir los anillos de piña colocándolos en una sola capa en una toalla de papel. Deje reposar durante 10 minutos, o hasta que los anillos estén relativamente secos. En un tazónpequeño, mezcle la crema de anacardo con la pasta de vainilla.

- En el plato deseas servirlo, crea una pila alterna de piña, crema de anacardo, piña, etc., terminando con un dollop de la Cereza Vainilla Compote.

20. NACHOS DE MANZANA

¡Estos son perfectos   para crear otras variaciones!

3   manzanas crujientes y ligeramente agrias, como Honeycrisp o Granny Smith

1 cucharadita de jugo de limón

3 cucharadas de mantequilla cremosa de maní

1/4 de taza de jarabe de fecha

1/4 de taza de almendras en rodajas

1/4 de taza de pacanas, picadas

1/4 de taza de coco descascarillado o rallado sin endulzar

1/4 de taza de plumines de cacao

- Retire el núcleo de cada manzana y córtalos muy finos (aproximadamente 1/8 de pulgada de espesor), usando un cuchillo afilado. Organizar en una placa para que cada manzana tenga una buena cantidad de superficie expuesta. Ligeramente rociado con el jugode limón.

- Derretir la mantequilla de maní en una cacerola pequeña junto con el jarabe de dátile hasta que esté muy escurrida y rociarla en las rodajas de manzana. Cubra las manzanas y la mantequilla de maní con las almendras y las pacanas,y luego rocíe con el jarabede dátile derretido. Por último,cubra con pluminesde coco y cacao sin endulzar. Disfrútalos con las manos, como nachos reales. Servir inmediatamente.

NOTA DE ALERGIA

Para hacer sin nueces, sub en semillas de girasol tostadas para las **almendras**.

21. CUERO DE FRUTAS DE PLÁTANO DE FRESA

RENDIMIENTO: 6 PORCIONES

Mis hijos van a los plátanos por estos refrigerios saludables. Recomiendo el uso de un deshidratador para obtener los mejores resultados, pero también se pueden hornear en el horno a 200 °F, repartidos en una alfombra de silicona, durante varias horas hasta que se sequen.

2 plátanos medianos muy maduros (se desean algunas manchas marrones)

2 tazas de fresas pequeñas frescas, verduras en

* Mezcle la fruta hasta que quede suave en una licuadora de alta velocidad o procesador de alimentos, raspando los lados según sea necesario. La consistencia debe parecerse a un batido de frutas. Extienda en una alfombra de cuero de frutas equipada para su deshidratador. Extienda fina y uniformemente y luego rap la bandeja en una superficie plana unas cuantas veces para eliminar cualquier burbuja de aire.

- Ajuste su deshidratador a 135 °F y déjelo rodar hasta que la fruta ya no sea pegajosa, durante aproximadamente 4 a 5 horas. Si utiliza un horno convencional, simplemente extienda finamente sobre una alfombra de silicona y coloque el horno a la temperatura más baja con la puerta ligeramente entreabierta. Hornee de 3 a 4 horas, hasta que ya no sea pegajoso.

- Pelar suavemente de la bandeja y colocar en una tabla de cortar. Usando un cortador de pizza, corta en rodajas grandes y luego enrolla inmediatamente sobre papel encerado, para que la fruta esté completamente cubierta. Disfrute inmediatamente o guárdelo hasta por 1 mes en un recipiente hermético.

22. PASTEL DE MANZANA

RENDIMIENTO: 1
PASTEL

Apple Cake es perfecto para hornear cuando quieres "wow" sin mucho alboroto. Este pastel es extra húmedo y sabroso con la adición de manzanas frescas. El secreto es cortar las manzanas finamente y uniformemente. Usted no quiere que sean demasiado delgados, pero sobre 1/4 × 1 × 1 pulgada es justo.

3/4 de taza de harina de arroz integral

3/4 de taza de harina de frijol/garbanzo

1/2 taza de almidón de patata

1 cucharadita de goma xanthan

1 cucharadita de polvo de hornear

1 cucharadita de bicarbonato de sodio

2 cucharaditas de canela

3/4 de taza de margarina no láctea derretida

1 taza de azúcar

1/2 taza de azúcar morena

1 cucharadita de extracto de vainilla

1 taza de leche no láctea

1 cucharada de aceite de oliva

4 manzanas, peladas, descuartizadasy cortadas en trozos finos

* Precaliente el horno a 350°F. Engrase ligeramente una sartén antiadherente de tamaño estándar.

* En un tazónmediano, mezcle la harinade arroz integral, el frijol, el almidón depatata, la goma xanthan, el polvo de hornear, el bicarbonato de sodio y la canela.

* Hacer un pozo en el centro y añadir el resto de los ingredientes excepto las manzanas, revolviendo bien después de todo se ha añadido. Mezcle bien, unos cincuenta trazos. Doble las manzanas hasta que estén completamente incorporadas. Extienda la masa de pastel en la sartén preparada y hornee durante 65 a 70 minutos, o hasta que un cuchillo insertado en el centro salga limpio. Si utiliza una sartén de diferentes tamaños, compruebe si se ha realizado alrededor de la marca de 40 minutos mediante la prueba de cuchillo.

- Deje enfriar durante 1 hora, y luego corra un cuchillo por el exterior y el interior del pastel para aflojar. Voltérate sobre una rejilla de alambre.

- Polvo con azúcar confiteros justo antes de servir. Tienda cubierta hasta 2 días.

Este pastel está tan llenode manzanas que se convierten en una gran parte de la estructuradel pastel. ¡Asegúrese de dejar que su pastel se enfríe por completo antes de cortar, o puede tener una avalancha de pastel de manzana!

---

23. PASTEL DE LIMÓN

RENDIMIENTO: 1 PASTEL BUNDT

Los limones siempre me ponen de buen humor, y dominan este pastel. La acidez de los cítricos en este pastel se combina magníficamente con la textura ventilada. Recomiendo rematar con glaseado de limón o un simple polvo de azúcar de confitería.

1 taza de acortamiento no hidrogenado

11/2 tazas de azúcar

1/3 taza + 1 cucharada de jugo de limón

1 cucharada de ralladura de limón

1 taza de harina de frijol/garbanzo

1/3 taza de harina de arroz integral

1/2 taza de almidón de patata

1/2 taza de harina de tapioca

1 cucharadita de goma xanthan

1 cucharadita de sal

1/2 cucharadita de polvo de hornear

1/2 cucharadita de bicarbonato de sodio

1 taza de leche no láctea

- Engrase ligeramente una sartén bundt de tamaño estándar o dos sartenes redondas de 8 pulgadas. Harina muy ligeramente usando harinade arroz blanco. Precaliente el horno a 350°F.

- En un tazón grande de una batidora de pie, combine el acortamiento, elazúcar y el jugo de limón y mezcle hasta que quede suave y esponjoso. Agregue la ralladura de limón.

- En un tazónseparado, mezcle el besan a través del bicarbonato de sodio y luego agregue la mezcla de harina en la mezcla de azúcar junto con la leche nondairy. Mezcle en bajo sólo hasta que se mezcle y luego suba la velocidad a alta y mezcle durante aproximadamente 1 minuto. La masa debe ser suave y esponjosa.

- Extienda la masa uniformemente en su sartén bundt preparada y hornee en el estante central durante 40 a 50 minutos, o hasta que un cuchillo insertado en el centro salga limpio. Deje enfriar durante 1 hora y luego corra un cuchillo por el exterior y el interior del pastel para aflojar. Voltee sobre un bastidor de alambre y deje enfriar aún más. Cubra con glaseado de limón. Conservar cubierto hasta 2 días.

24. PASTEL DE MANZANAS DE ZANAHORIA

Este pastel es deliciosamente fragante y tierno con el sabor reconfortante de las manzanas y un hermoso color sutil de las zanahorias. Usa cualquier tipo de azúcar que quieras. Me encanta el jugo de caña evaporado estándar ... pero el azúcar de palma de color marrón claro o coco también se horneaba muy bien.

1/2 taza de harina de trigo sarraceno

3/4 de taza de harina de sorgo

3/4 de taza de almidón de patata

1 cucharadita de goma xanthan

1/2 cucharadita de sal marina

1/2 cucharadita de polvo de hornear

11/2 cucharaditas de bicarbonato de sodio

1 cucharadita de canela

11/4 tazas de azúcar

1/2 taza de aceite de oliva

1 taza de compota de manzana (sinendulzar)

2 cucharadas de jugo de limón

- Precaliente el horno a 350°F. Engrase ligeramente y(sorgo) la harina de un tubo de tamaño estándar o una sartén Bundt.

- En un tazóngrande, mezcle la harinade trigo sarraceno, la harina de sorgo, el almidóndepatata, la goma xanthan, la sal marina, el polvo de hornear, el bicarbonato de sodio, la canelay el azúcar.

- Agregue el aceite de oliva, la compotade manzanay el jugo de limón hasta que se mezclen bien y se haya formado una masa gruesa. Doble las zanahorias ralladas y extienda uniformemente la masa en la sartén preparada.

- Hornee en el estante central durante 40 a 45 minutos, o hasta que un cuchillo insertado en el centro salga limpio. Deje enfriar durante 20 minutos antes de correr suavemente un cuchillo alrededor del borde e invertir en un platode servir plano. Conservar cubierto hasta 2 días.

25. PASTEL DE BUNDT DE COLIBRÍ

Una delicia popular del sur, que se teoriza que se originó en Jamaica, este pastel también era ampliamente conocido en un momento como "El pastel que no dura". Un divertido juego en el clásico tradicional sureño, este postre toma el pastel con todos sus deliciosos complementos como piña, plátano y nueces.

11/4 tazas de harina de arroz integral

3/4 de taza de harina de frijol/garbanzo

1 taza de almidón de patata

1 cucharadita de goma xanthan

21/2 cucharaditas de polvo de hornear

1 cucharadita de bicarbonato de sodio

1/2 cucharadita de sal

1/2 taza de margarina no láctea derretida

1 cucharadita de canela

1 taza de azúcar

3 plátanos muy maduros, machacados

1 taza de jugo de piña

1/2 taza de agua

1 cucharadita de extracto de vainilla

11/3 tazas de trozos pequeños de piña

1 taza de pacanas trituradas

Glaseado de queso crema, variación de glaseado

- Engrase
  ligeramente una
  sartén Bundt de
  tamaño
  estándar.

- En un tazóngrande, mezcle la harinade arroz integral, el frijol, el almidónde patata, la goma xanthan, el polvo de hornear, el bicarbonato de sodio y la sal. Agregue la margarina, la canela,elazúcar, los plátanos, el jugode piña, el agua y el extracto de vainilla y mezcle bien con un batidor hasta que quede suave. Doble los trozos de piña. Espolvorea las pacanas en la sartén Bundt y vierte la masa sobre las pacanas. Hornee durante 70 minutos, o hasta que un cuchillo insertado en el pastel salga limpio. Dejar enfriar en la sartén durante 20 minutos e invertir en un estante para enfriar por completo. Conservar cubierto en el refrigerador durante un tiempo de hasta 3 días.

- Cubra con glaseado de queso crema, variación de glaseado.

26.   PASTEL DE RON

Esta es una joya de un pastel que mi madre hacía a menudo cuando era un niño, y que no apreciaba hasta que era un adulto de plenoderecho. Aunque la receta original de mi mamá no es sin gluten ni vegana, puedo asegurarte de que esta versión es igual de increíble.

pastel

3/4 de taza de harina de arroz blanco

1/2 taza de harina de arroz integral

3/4 de taza de harina de frijol/garbanzo

1 taza de almidón de patata

11/2 cucharaditas de goma xanthan

21/2 cucharaditas de polvo de hornear

1 cucharadita de bicarbonato de sodio

1 taza de azúcar

1 cucharadita de sal

1/2 taza de ron

11/2 tazas de agua

1/2 taza de aceite de oliva

3 cucharadas de jugo de lima

1 taza de pacanas picadas o nueces

SALSA DE RON

1/2 taza de margarina no láctea

1/2 taza de ron

1/2 taza de agua

1 taza de azúcar

- Precaliente el horno a 325 °F y engrase ligeramente una sartén Bundt de tamaño estándar. En un tazóngrande, mezcle las harinas, el almidón depatata, la goma xantana, el polvo de hornear, el bicarbonato de sodio, el azúcar y la sal.

- Hacer un pozo en el centro de la mezcla de harina y

añadir el ron, agua, aceite de oliva, y jugodelima. Revuelva bien hasta que la masa esté muy suave. Espolvorea las nueces picadas en la parte inferior de la sartén Bundt y luego coloca la masa encima de las nueces. Hornee durante 60 a 65 minutos en el estante medio del horno, hasta que se levante y se dore. Una vez que el pastel haya terminado de hornear, guárdelo en la sartén mientras haces la salsa de ron.

- Para la salsa, en una cacerolapequeña, combine la margarina, el ron, el agua y el azúcar. Lleve la mezcla a ebullición a fuego medio, revolviendo a menudo. Hierva durante 5 minutos y luego rocíe con jengibre la salsa en la parte superior del pastel mientras todavía está sentado cómodamente en la sartén. Deje reposar el pastel durante 45 minutos a 1 hora y luego invierta cuidadosamente el pastel en un plato plano. Servir a temperatura ambiente. Conservar cubierto hasta 2 días.

27.   CUPCAKES DE CARAMELO BOURBON

El bourbon es uno de mis sabores favoritos   absolutos porque se combina tan perfectamente con mis otros sabores   favoritos, vainilla y azúcar morena. Estos chicos malos promocionan los tres sabores y hacen una gran adición de lujo a una bandeja de postres. ¿No le gusta tanto el bourbon? Se puede reemplazar con sidra de manzana o leche nondairy.

11/4 tazas de harina de arroz integral superfina

3/4 de taza de harina de sorgo

3/4 de taza de almidón de patata

1/4 de taza de harina de arroz blanco dulce

11/2 cucharaditas de goma xanthan

2 cucharaditas de polvo de hornear

1 cucharadita de bicarbonato de sodio

1 cucharadita de sal

3/4 de taza de aceite de oliva

1 taza de azúcar morena

1/3 taza de azúcar

2 cucharadas de melaza

2 cucharaditas de extracto de vainilla

1 cucharada de semilla de chía molida mezclada con 1/4 de taza de agua

1/2 taza de bourbon

1 taza de agua helada

- Precaliente el horno a 350°F. Latas de muffins de línea 12 con revestimientos de papel.

- En un tazónmediano, mezcle la harinade arroz integral, harina de sorgo, almidónde patata, harinade arroz blanco dulce, goma xantana, polvo de hornear, bicarbonato de sodio y sal.

- En un tazónseparado y más grande, combine el aceite de oliva, azúcares, melaza,1 cucharadita de extractode vainilla y mezclade chía. Añadir un poco de la mezclade harina, el bourbon, y un poco de agua fría más la cucharadita restante de extracto de vainilla y mezclar hasta que quede suave. Repita con la mezcla de harina y el agua hasta que todos se hayan incorporado por completo. Mezcle la masa a alta velocidad durante 1 minuto con una batidora eléctrica, o unos cincuenta golpes a mano.

- Deje caer 1/3 taza de masa en cada lata de cupcake preparada y hornee durante 25 a 30 minutos, o hasta que un cuchillo insertado en el medio salga limpio. Deje enfriar completely antes de glasear con glaseado de caramelo. Conservar cubierto hasta 2 días.

28. CUPCAKES AMARILLOS CLÁSICOS

**RENDI
MIENT
O: 24
CUPCAK
ES**

Perfecto para fiestas de cumpleaños, especialmente cuando se combina con esponjoso glaseado de chocolate para un combo clásico.

3/4 de taza de harina de arroz blanco

1/2 taza de harina de arroz integral

3/4 de taza de harina de frijol/garbanzo

1/4 de taza de harina de arroz blanco dulce

3/4 de taza de almidón de patata

11/2 cucharaditas de goma xanthan

3 cucharaditas de polvo de hornear

1 cucharadita de bicarbonato de sodio

1 cucharadita de vainilla

3/4 de taza de margarina no láctea derretida

11/4 tazas de azúcar

11/4 tazas de leche de coco enlatada

1 taza de agua

21/2 cucharadas de vinagre de sidra de manzana

- Precaliente el horno a 350°F. Línea 24 latas de muffins con revestimientos de papel, o ligeramente grasa y (arrozintegral) harina de las tazas individuales.

- En un tazóngrande, mezcle la harinade arroz blanco, harinade arroz integral, frijol, harina de arroz blanco dulce, almidón depatata, goma xantana, polvo de hornear y bicarbonato de sodio. Agregue gradualmente el resto de los ingredientes, ya que se piden,y batir hasta que estén muy suaves. Deje caer un poco menos de 1/3 taza de masa en las bandejas para hornear preparadas y hornee durante unos 27 minutos, o hasta que el cuchillo insertado en el centro salga limpio. Retire los cupcakes de la sartén y déjelos enfriar completamente en un estante antes de escarchar. Conservar cubierto en recipiente hermético durante un tiempo de hasta 2 días.

Esta receta también se puede utilizar para hacer un pastel de hojas; hornear alrededor de 10 a 15 minutos más, sólo hasta que un cuchillo insertado en el medio sale limpio.

---

29. PASTELITOS DE PASTEL CREMA DE BOSTON

RENDIMIEN

TO: **12**

CUPCAKES

Este tierno bizcocho con un relleno picante y cubierto con ganache es un homenaje al clásico postre Boston Cream Pie. En mi opinión, ¡el relleno de crema picante es la mejor parte, que proviene de la improbable adición de mayonesa!

pastel

11/3 tazas de harina de arroz integral superfina

1/4 de taza de harina de arroz blanco dulce

3/4 de taza de almidón de patata

2/3 taza de harina de frijol/garbanzo

2 cucharaditas de goma xanthan

3 cucharaditas de polvo de hornear

1 cucharadita de bicarbonato de sodio

1 cucharadita de sal

11/2 tazas de azúcar morena empacada

3/4 de taza de aceite de oliva

1 taza de leche de coco

11/4 tazas de agua muy fría

21/2 cucharadas de jugo de limón

relleno

1/3 taza de margarina no láctea

2 tazas de azúcar de confiteros

1 cucharada de leche no láctea

1 cucharada de jugo de limón

1 cucharada de mayonesa   no láctea, como Vegenaise

1/2 cucharadita de goma xanthan

topping

1   receta
Ganache   de
chocolate
negro

* Precaliente el horno a 350°F. Forre una sartén con 12
  revestimientosdepapel, o engrase ligeramente y (arroz integral)
  ensancha las tazas individuales.

* En un tazóngrande, mezcle   la harina de arroz integral,
  harinade arroz blanco dulce, almidóndepatata, besan, goma
  xanhan, polvo de hornear, bicarbonato de sodio y sal.

* En el tazón de batidora eléctrica, cremar juntos la azúcar
  morena, aceite de oliva y leche de coco. Agregue suavemente
  la mezcla de harina,   alternando con el agua. Agregue el jugo
  de limón y mezcle a alta velocidad durante aproximadamente 1
  a 2 minutos. Dividir la masa entre las 12 latas de muffins y
  hornear   durante 35 minutos, o   hasta que se hinche alto y
  dorado marrón,y cuchillo insertado en el centro sale limpio.
  Deje que los cupcakes se enfríen por completo antes de llenar y
  rematar.

76

- Para hacer el relleno, combine todos los ingredientes usando una batidora eléctrica con un accesorio de batidor y batir hasta que estén esponjosos. Usando un cuchillo dentado, corta la parte superior de los cupcakes justo encima de los papeles. Agregue aproximadamente 2 cucharadas de relleno y reemplace la parte superior. Coloque los cupcakes en el congelador sobre una superficie plana unos minutos antes de rematar con Ganache de chocolate negro. Guarde cupcakes ligeramente cubiertos en el refrigerador durante un tiempo de hasta 1 semana.

30. BANANABREAD

CLÁSICO

Esta es una versión de ese pastel, menos el gluten y los huevos. Este pan de plátano se combina muy bien con una taza de nueces trituradas o nueces, por lo que lanza algunos en la masa justo antes de que llegue a la sartén si te gustan tus panes un poco locos.

1/2 cucharada de semilla de chía molida

2 cucharadas de agua

3/4 de taza de azúcar

2 cucharaditas de bourbon o extracto de vainilla

4 plátanos medianos muy maduros (laspieles deben ser en su mayoría marrones)

1 taza de harina de arroz integral superfina

1/2 taza de harina de sorgo

1/2 taza de maicena

1/4 de taza de harina de tapioca

1 cucharadita de goma xanthan

1 cucharadita de sal

1 cucharadita de polvo de hornear

1 cucharadita de bicarbonato de sodio

- Precaliente el horno a 350 °F y engrase ligeramente una sartén de tamaño estándar   con margarina o aceite de coco refinado.

- En un tazónpequeño, mezcle   la semilla de chía con el agua y deje reposar durante 5 minutos hasta que se gelifica.

- En un tazóngrande, use un machacador de papas para mezclar el huevo de chía preparado", azúcar, bourbon y plátanos hasta que quede suave. Grandes trozos de plátano no son tan buenos;

se fomentan pequeños trozos.

- En un tazón más pequeño separado, mezcle   los ingredientes secos restantes hasta que se mezclen. Revuelva gradualmente en la mezcla de plátano hasta que   se junte en una masa gruesa.

- Coloca suavemente la masa uniformemente en la sartén preparada   y hornea en el estante central durante 60 minutos, o hasta que un cuchillo insertado en el centro salga   limpio. Una vez horneado, dejar enfriar durante 10 minutos y luego ejecutar un cuchillo a lo largo de los bordes de la sartén para aflojar. Transferir a un bastidor de alambre para enfriar completamente. Conservar cubierto en recipiente hermético durante un tiempo de hasta 2 días.

31. PASTEL DE LIBRA DE VAINILLA

Deliciosamente húmedo y   simple, este pastel es fantástico por sí solo y hace una base encantadora para mezclas, como 1/2 taza de almendras en   rodajas, bayas secas o chips de chocolate.

1 taza de harina de sorgo

1 taza de harina de frijol/garbanzo

1/4 de taza de harina de tapioca

1/2 taza de almidón de patata

2 cucharaditas de goma xanthan

21/2 cucharaditas de polvo de hornear

1/2 cucharadita de sal

2 cucharadas de aceite de coco derretido

1 cucharada de leche no láctea

1/4 de taza de jugo de naranja

2 tazas de azúcar granulada

1 cucharadita de extracto de vainilla

2 cucharaditas de semilla de chía molida mezclada con 2 cucharadas de agua

2 cucharadas de vinagre de sidra de manzana

1 cucharadita de vainilla raspada (raspada del interior de la vaina)

- Precaliente el horno a 350 °F y engrase y enharina ligeramente una sartén metálica de tamaño estándar.

- En un tazón grande, bate las harinas, el almidón de patata, la goma xanthan, el polvo de hornear y la sal hasta que estén bien mezcladas. Agregue el resto de los ingredientes y mezcle bien hasta que se forme una masa fina y uniforme. Vierte en la sartén preparada y hornea durante 50 minutos, sin interrupciones. Una vez terminado de cocinar, apague el horno, abra suavemente la puerta del horno una grieta y deje reposar la torta en el horno durante 45 minutos adicionales. Retirar del horno y enfriar completamente antes de cortar con un cuchillo dentado. Conservar cubierto hasta 2 días.

32. SORBETE DE MANZANA DE ROMERO

No me canso de este sorbete. El sabor de la manzana es realmente tentador y mejorado elegantemente con la adición de romero. Asegúrese de buscar romero fresco, en lugar de seco, ya que absolutamente hará una diferencia.

21/2 tazas de sidra de manzana (sin azúcar añadido)

1/3 taza de azúcar

1 ramita de romero fresco

En una cacerola pequeña a fuego medio, combine la sidrade manzana, el azúcar y el romero y cocine durante unos 7 minutos, revolviendo a menudo, hasta que el azúcar se disuelva y el romero haya añadido un toque de fragancia a la sidra. Retire el jarabe del fuego y deje enfriar completamente, ya sea en el refrigeradoro a temperatura ambiente. Procesar en heladerías de acuerdo con las instrucciones del fabricante o siguiendo instrucciones _en este _libro. Una vez congelado, conservar en un recipiente hermético en el congelador durante un tiempo de hasta 2 meses.

33. FRESAS Y SORBETE DE CHAMPÁN

En realidad no recomiendo que utilice champagne para hacer este delicioso sorbete, pero sin duda puede si rodar duro así! Prefiero Prosecco, por sus notas sutiles y su precio más modesto.

1 perapelada y en cubos (aproximadamente 1 taza)

2 tazas de fresas, verduras removidas

1 taza de Prosecco, Spumante u otro vino blanco espumoso

3/4 de taza de azúcar

- En un procesador de alimentos, pulse juntos la pera y las fresas hasta que estén bien picadas. En un tazónseparado, mezcle gradualmente el Prosecco con el azúcar y revuelva suavemente para disolverse. Deje reposar durante unos 5 minutos y luego revuelva suavemente de nuevo. Rocíe aproximadamente 1/2 taza de la mezcla de Prosecco en el procesador de alimentos y mezcle hasta que quede bastante suave, durante aproximadamente 1 minuto, raspando el recipiente según sea necesario.

- Agregue el resto de la mezcla de Prosecco y mezcle hasta que estén muy bien combinados. Transfiéralo al tazón de una heladería y procesa de acuerdo con las instrucciones del fabricante o siguiendo las instrucciones que aparecen en este libro.

- Conservar en un recipiente hermético durante un tiempo de hasta 2 meses en el congelador.

34. SORBETE DRAGONFRUIT

Aunque considero que la mayoría de las creaciones de la naturaleza son hermosas, siempre estoy asombrado cada vez que corto en un libélula. Estas frutas fucsia brillantes se abren a un dálmata en su interior y tienen un sabor neutro similar a las uvas. Hacen un heck de un magnífico sorbete, también! Compruebe la madurez presionando suavemente en la cáscara gruesa de la fruta. Si da a un poco de presión bajo el pulgar, entonces está maduro.

2 libélula grandes

1 taza de azúcar

1 taza de agua

1/4 cucharadita de extracto de vainilla

- Pelar la fruta del dragón cortando la sección superior del tallo lo suficiente como para revelar la fruta blanca. Pelar suavemente la fruta como lo haría con un plátano para eliminar la piel limpia y fácilmente.

- Cubo de la fruta y colocar en un procesador de alimentos. Pulse hasta que la consistencia de un slushy.

- En una cacerola pequeña a fuego medio, cocine el azúcar y el agua juntos justo hasta que el azúcar se haya disuelto por completo, durante 1 a 2 minutos.

- Transfiera la libélula puré a un tazón y mezcle el jarabe de azúcar y la vainilla. Enfríe la mezcla en el congelador durante 30 minutos, revuelva, enfríe durante 10 minutos más, luego procese en una heladería hasta que sea de color blanco brillante y la consistencia del sorbete. Esto también se puede hacer siguiendo las instrucciones de este libro, pero se prefiere una heladería si está disponible. Conservar en recipiente hermético flexible en congelador durante un tiempo de hasta 3 meses.

35. SHERBET DE MELOCOTÓN DE JENGIBRE

El jengibre caliente se combina tan maravillosamente con este fresco sherbet de melocotón para traer un postre que sería bienvenido al final de cualquier cena.

4 melocotones maduros grandes (no demasiado suaves)

1 cucharadita de jengibre rallado fresco

Sal de guión

1 taza de azúcar

1/2 taza de crema de coco enlatada congrasa completa (partemás gruesa de una lata de leche)

1/2 taza de leche no láctea

- Llene una olla de 2 cuartos aproximadamente a la mitad con agua y lleve a ebullición a fuego medio-alto. Coloque cuidadosamente los melocotones en el agua hirviendo y cocine durante 11/2 minutos. Escurrir inmediatamente y suavemente correr los melocotones bajo agua fría. Retire cuidadosamente las pieles y fosas y deseche.

- Coloque los melocotones blanqueados, el jengibre, la sal,el azúcar, la cremade coco y la leche nondairy en un procesador de alimentos o licuadora y licúe hasta que quede suave. Enfríe en el refrigerador hasta que se enfríe y luego transfiera a una heladería y procese de acuerdo con las instrucciones del fabricante, o siga las instrucciones de este libro. Transfiéralo a un recipiente hermético flexible y congele durante al menos 4 horas antes de servir. Se mantiene hasta 3 meses congelado.

36.   SORBETTO BALSÁMICO DE FRESA

RENDIMI
ENTO: 2
TAZAS

Un postre absolutamente delicioso, esto sabe a fresas frescas.   El balsámico complementa bien las bayas y contrarresta la dulzura del jarabe simple.

3/4 de taza de jarabe simple

1 cucharada de vinagre balsámico blanco o rojo

2 tazas de fresas frescas, verduras removidas

* En una licuadora, puré todos los ingredientes hasta que quede suave. Colocar en bandeja para hornear demetal, aproximadamente 8 pulgadas redondas, y cubrir con envoltura de plástico. Congele durante 3

horas, o hasta que esté sólido, pero todavía suave. Conservar en recipiente hermético en congelador durante un tiempo de hasta 2 meses.

37. LIMONCELLO SEMIFREDDO

RENDIMIE NTO: 6 PORCIONE S

Un regalo brillante y boozy que es sólo para adultos. Este cremoso, esponjoso, semifreddo se hace mejor en una licuadorade alta velocidad, como una Vitamix, para una aireabilidad adicional.

2 tazas de anacardos crudos

1/2 taza de azúcar

1 taza de crema de coco (de la parte superior de 2 latas frías de lechede coco llena degrasa)

2/3 copa Limoncello

Ralladura de limón fresco, para decorar (opcional)

• Coloque los anacardos en un tazón mediano y cubra con agua. Deje que los anacardos se empapen durante al menos 4 horas, pero no más de 6.

Escurrir y colocar en una licuadora de alta velocidad.

* Añadir el resto de los ingredientes y mezclar en bajo sólo para combinar. Aumente la velocidad a alta y deje que la mezcla hasta que quede completamente suave, durante aproximadamente 1 minuto.

* Vierta la mezcla en tazas de hornear de silicona o moldes de helado y congele durante al menos 6 horas y hasta la noche. Para un toque extra especial, sirva adornado con ralladura de limón. Se mantiene hasta 3 meses congelado.

38. MANZANILLA DE

ALMENDRAS GRANITA

Un regalo tan calmante para un caluroso día de verano, esta granita desabor ligero es una gran opción cuando el helado parece demasiado pesado. La manzanilla añade una nota floral perfectamente compensada con la leche de almendras.

2 bolsitas de té de manzanilla (o 2 cucharaditas de té de manzanilla en colador de té)

1 taza de agua muy caliente, pero no hirviendo,

1/2 taza de jarabe simple

1 cucharadita de extracto de almendra

1/2 taza de leche de almendras

- En un tazónmediano, empinar el té y el agua caliente durante 5 minutos, hasta que el agua esté fragante y dorada. Retire las bolsas de té y deje enfriar a temperatura ambiente. Mezcle con el jarabe, el extracto de almendras y la leche de almendras. Colocar en bandeja para hornear demetal, aproximadamente 8×8 pulgadas, sobre superficie plana en congelador. Enfríe la mezcla hasta que se enciba sólido y luego raspe en gránulos usando un tenedor. Sirva en platos fríos. Se mantiene hasta 3 meses congelado si se almacena en recipiente hermético.

39. MOJITO GRANITA

Me encantan los mojitos en verano. Me mareo cuando veo el nuevo vistazo de menta sobre nuestra cerca en la primavera, haciéndome saber it's casi tiempo para abastecerse de cal y seltzer. Esta granita satisfará su antojo de la libación de verano en cualquier época del año.

3/4 de taza de jarabe simple

Jugo de 3 limas, unas 6 cucharadas

2 cucharadas de ron

1 taza de   agua fría con gas

1/2 cucharadita de extracto de menta

* Combine todos los ingredientes en un tazón mediano
  y, acontinuación,   vierta en un platode plástico o
  metal antiadherente. Congele durante 3 horas. Una
  vez congelada, raspe suavemente la mezcla en
  gránulos utilizando los dientes de un tenedor. Sirva
  con una ramita fresca de menta o un toque de lima.
  Conservar en recipiente hermético en el congelador.
  Se mantiene hasta 3 meses congelado.

40. HIELO MANDARÍN

RENDIMIENTO: 1 CUARTO

Este delicioso regalo congelado es una manera refrescante de obtener su vitamina C! Me gusta usar clementinas, para una dulzuraextra, pero las mandarinas u otras naranjas funcionan muy bien, también.

11/2 tazas de jugo de mandarina, alrededor de 8 clementinas' vale la pena

2 cucharaditas de ron o extracto de vainilla

1 cucharada de agave

- Coloca todos los ingredientes en un tazón y bate bien para combinarlos. Vierta en una sartén de metal (aproximadamente 9 pulgadas redonda) y colóquelo en el congelador. Congele durante 4 horas, o hasta que esté congelado sólido. Raspar suavemente pero rápidamente la mezcla en hielo con un tenedor — no lo sobrehaces o puede convertirse en un slushy—y luego transfiéralo a un recipiente hermético sellable. Se mantiene hasta 3 meses congelado.

41. EL HIELO DE PIÑA EXPLOTA

Estas golosinas tropicales son en realidad muy populares en México y se conocen como *paleta* de *pina*. Paleta tienen innumerables variaciones de sabor, pero me encantan estas paletas de piña debido a los dulces naturales -como el sabor de la piña-.

Necesitará moldes de paletas o bandejas de cubos de hielo de silicona para mini-pops o simplemente usar pequeñas tazas de papel.

2 tazas de piñacortada en cubos, drenada

1/2 taza de jarabe simple

1/2 cucharadita de ron o extracto de vainilla

2 cucharadas de leche de coco llenan degrasa

- Coloque todos los ingredientes en una licuadora o procesador de alimentos y licúe hasta que estén en su mayoría puré. Vierta en moldes de paletas,coloque palos de madera en el centro y congele durante la noche. Se mantiene hasta 3 meses congelado.

Utilice agave en lugar del jarabe simple si lo desea, pero espere un color más oscuro a sus estallidos.

CPSIA information can be obtained
at www.ICGtesting.com
Printed in the USA
BVHW090326220621
610126BV00012B/2904

9 781802 681260